Hallo! Wir sind Philipp und Anne. Und was uns bei unseren Reisen mit dem magischen Baumhaus geschieht, das kannst du dir kaum vorstellen. Neulich haben wir das Geheimnis der Mumie kennen gelernt! Und obwohl wir jetzt wieder zu Hause in Pepper Hill sind, lässt uns das Leben im alten Ägypten nicht mehr los. Deshalb haben wir im Museum, in vielen Büchern und im Internet Nachforschungen angestellt und alles gesammelt, was uns an Mumien besonders interessiert. Lies doch einfach selbst nach!

LOS GEHT'S

Will Osborne und Mary Pope Osborne

Forscherhandbuch
Mumien

Illustriert von Sal Murdocca und Rooobert Bayer

Aus dem Amerikanischen übersetzt
von Cornelia Panzacchi

Die Deutsche Bibliothek – CIP-Einheitsaufnahme

Osborne, Will:
Das magische Baumhaus – Forscherhandbuch /
Will Osborne und Mary Pope Osborne.
Ill. von Sal Murdocca und Rooobert Bayer.
– Bindlach : Loewe
Einheitssacht.: Magic tree house research guide <dt.>

Mumien / aus dem Amerikan.
übers. von Cornelia Panzacchi.
– 1. Aufl.. – 2002
ISBN 3-7855-4226-7

*Der Umwelt zuliebe ist dieses Buch
auf chlorfrei gebleichtem Papier gedruckt.*

ISBN 3-7855-4226-7 – 1. Auflage 2002
Titel der Originalausgabe: Magic Tree House Research Guide –
Mummies and Pyramids
Text © 2000 Will Osborne und Mary Pope Osborne
Illustrationen © 2000 Sal Murdocca
Alle Rechte vorbehalten
Veröffentlicht mit Genehmigung des Originalverlags,
Random House, Inc.
© für die deutsche Ausgabe 2002 Loewe Verlag GmbH, Bindlach
Aus dem Amerikanischen übersetzt von Cornelia Panzacchi
Umschlagfoto: Totenmaske Tutenchamuns
(etwa 1350–1330 v. Chr.), Neues Reich, 18. Dynastie.
Ägyptisches Nationalmuseum, Kairo/Bridgeman Art Library
Reihenlogo und Vorsatzillustration: Jutta Knipping
Umschlaggestaltung: Andreas Henze
Gesamtherstellung: GGP Media, Pößneck
Printed in Germany

www.loewe-verlag.de

Inhalt

1
Das alte Ägypten 7

2
Der Alltag 21

3
Die Religion 35

4
Mumien 49

5
Beisetzungen 59

6
Das Zeitalter der Pyramiden 67

7
Grabschätze und Grabräuber 79

8
Die berühmteste aller Mumien 87

9
Das Erbe der Mumien 99

Register 101

1
Das alte Ägypten

Mumien und Pyramiden stellten für lange Zeit ein großes Geheimnis dar. Wie waren die Pyramiden entstanden? Warum wurden Tote mumifiziert? Was bedeuten die Inschriften auf ihren Särgen?

Doch in den letzten 200 Jahren fanden Forscher sehr viel über die Menschen heraus, die Pyramiden bauten und Mumien beisetzten.

Sie arbeiteten und genossen das Leben. Sie begeisterten sich für die Wissenschaft und liebten Musik.

Jemand, der das alte Ägypten erforscht, ist ein Ägyptologe.

Eine Hochkultur ist eine hoch entwickelte Gemeinschaft, die Wissenschaft, Kunst und Schrift kennt.

Sie glaubten an einen Sonnengott und an eine Katzengöttin. Sie dachten, sie würden ewig leben.

Wir nennen diese Menschen *die alten Ägypter*.

In Ägypten entwickelte sich eine der ältesten Hochkulturen der Welt. Vor 5000 Jahren erfanden die Ägypter eine der ersten Schriften. Aus Papyrusschilf machten sie den Vorläufer unseres Papiers.

Sie erdachten einen Kalender, der unserem heutigen ähnlich ist.

Die alten Ägypter errichteten fantastische Bauwerke. Ihre Maler und Bildhauer schufen herrliche Kunstwerke. Ihre Ärzte studierten, wie der menschliche Körper funktioniert.

Wie konnte in Ägypten so früh eine Hochkultur entstehen?

Die meisten Historiker nehmen an, dass der Nil der Grund dafür ist.

Der Nil ist der längste Fluss der Welt. Er fließt mitten durch Ägypten.

Der Nil schenkte den Ägyptern Trinkwasser und Wasser zum Baden. Die Fischer fingen im Nil viele verschiedene Fische. Die Jäger jagten an seinen Ufern Vögel. Der Fluss konnte von Booten befahren werden, die Menschen und Waren beförderten.

Das wichtigste Geschenk des Nils an die Ägypter waren aber weder die Fische noch das Trinkwasser. Es war der Schlamm!

Die <u>Sahara</u> ist die größte Wüste der Welt!

Fluten und Felder

Die Wüste Sahara nimmt einen großen Teil der Fläche Ägyptens ein. Wüstenboden ist sandig oder felsig. Er eignet sich nicht für den Anbau.

Die alten Ägypter nannten die Wüste Rotes Land. Im Roten Land lebten keine Menschen; hier wuchs so gut wie nichts.

Das Land an den Nilufern aber war dunkel und weich. Die Ägypter nannten dieses Gebiet Schwarzes Land. Das Schwarze Land war eine der fruchtbarsten Gegenden der Welt. Warum eignete sich das Schwarze Land so gut für den Anbau?

Jedes Jahr im Juli überflutete der Nil seine Ufer und bedeckte das Land zu beiden Seiten mit einer Schicht von Schlamm.

Der schwarze Schlamm war sehr nährstoffreich: Er enthielt reichlich von allen Stoffen, die Pflanzen zum Wachsen brauchen.

Im November zog sich das Wasser zurück, und die Bauern pflügten das Schwarze Land. Dann säten sie aus.

Im März konnten sie ernten. Sie hatten meist eine reiche Ernte; das heißt, dass alle genug zu essen hatten.

Ernten bedeutet, Feldfrüchte einzusammeln und sie in Vorratslager zu schaffen.

Das Bauernjahr

Juli: Nilflut

November: Säen

März: Ernten

Zwei Reiche

Im fruchtbaren Schwarzen Land am Nil entstanden Dörfer. Einige der Dörfer wurden zu Städten. Mit der Zeit schlossen sich Dörfer und Städte zu zwei Reichen zusammen.

Viele Jahre lang hatte jedes Reich einen eigenen König. Ein König herrschte über das Land im Norden, durch das der Nil fließt, bevor er ins Meer strömt. Der andere König regierte im Land des Südens, im oberen Niltal.

Vor etwa 5 000 Jahren vereinigte ein König namens Menes die beiden Reiche.

Vereinigen bedeutet zusammenführen.

König Menes gründete eine Hauptstadt nahe der früheren Grenze.

Er trug eine Krone, die aus den Kronen der beiden Reiche hergestellt worden war.

Die meisten Historiker sagen, dass die Vereinigung der beiden Reiche der Beginn der großen ägyptischen Zivilisation war. Als sich König Menes die Doppelkrone aufsetzte, wurde eine Hochkultur geboren, die 3 000 Jahre lang bestehen sollte.

Auf den folgenden Seiten lernst du die ägyptische Schrift kennen.

Hieroglyphen

Die alten Ägypter entwickelten eine Bilderschrift. Die Schriftzeichen nennt man *Hieroglyphen*.

Die meisten Bildsymbole zeigten Dinge des täglichen Lebens.

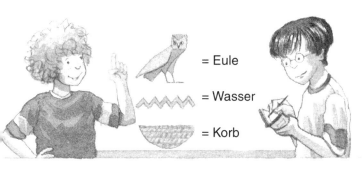

Aber nicht immer bedeutete das Bild nur das, was es darstellte.

Die meisten Ägypter konnten die Hieroglyphen nicht lesen. Es gab mehr als 700 verschiedene Bildsymbole.

2
Der Alltag

Die meisten Bewohner des alten Ägypten waren Bauern. Sie lebten in Dörfern und Städten im Schwarzen Land an den Nilufern. Ihre Häuser bauten sie aus Lehmziegeln. Der Lehm für die Ziegel war ein weiteres Geschenk des Nils.

Auch die Häuser reicher Leute standen dicht beieinander.

Alle Häuser hatten hohe, flache Dächer. Gekocht wurde meistens auf dem Dach. Im Sommer schliefen die Familien hier auch.

Arme Familien lebten meist in nur einem Zimmer zusammen. Reiche Leute besaßen größere Häuser. Sie hatten Diener, die für sie wuschen und kochten.

Die meisten Ägypter hatten nicht viele Möbel. In den Häusern gab es nur einige

In einem ägyptischen Haus sah es ungefähr so aus wie hier.

Hocker, kleine Tische sowie Matten. Die Wände waren in bunten Farben gestrichen. Die Decken waren hoch, damit es innen kühler blieb.

Geschlafen wurde auf Betten aus Holz und Schilf. Statt Kissen benutzte man Kopfstützen. Diese waren meist aus Holz geschnitzt.

Mit <u>Klima</u> bezeichnet man das Wetter und die Temperatur, die an einem Ort gewöhnlich herrschen.

Ägypten hat ein warmes Klima. Darum trugen die alten Ägypter nur selten Schuhe. Ihre Kleidung war meist weiß und weit und aus Leinen gefertigt. Leinen wird aus den Fasern der Flachs- oder Leinpflanze hergestellt.

Ihr Aussehen war den alten Ägyptern sehr wichtig. Sowohl reiche Frauen als auch Männer schminkten ihre Augen und trugen Perücken. Sie schmückten sich auch mit Ketten, Armreifen und Ringen.

Die Ägypter liebten Parfüm. Sie rieben sich die Haut mit wohlriechenden Ölen und Salben ein.

Kinder und Familienleben

Die Ägyptologen sind sicher, dass die alten Ägypter kinderlieb waren. Ihre Kunstwerke stellen häufig Eltern dar, die mit ihren Söhnen und Töchtern spielen.

Wahnsinn! Die kleinen Kinder hatten in Ägypten gar nichts an!

Die Jungen und
Mädchen spielten
mit Kreiseln und
Bällen, Puppen und
Tieren aus Holz.

 Spielzeugpfer[d]

Brettspiele waren bei Kindern und
Erwachsenen beliebt. Sie waren ein bisschen so wie bei uns Schach oder Dame.

 Grabmalerei, die eine ägyptische Königin bei einem Brettspiel darstellt.

Die meisten Kinder gingen nicht zur Schule. Sie lebten bis zu ihrer Heirat bei ihren Eltern.

Den Kindern wurden die Köpfe rasiert. Nur an der Seite blieb eine dicke Strähne stehen.

Die alten Ägypter gehören zu den ersten Menschen, die sich Haustiere hielten. Sie liebten sie und behandelten sie wie Familienmitglieder. Es heißt, dass sich einmal eine ganze ägyptische Familie nach dem Tod ihrer Katze als Zeichen der Trauer die Augenbrauen abrasiert habe.

Künstler und Handwerker

Im alten Ägypten gab es viele begabte Künstler und Handwerker.

Bildhauer und Maler verzierten die Paläste und Tempel. Töpfer fertigten Schüsseln, Krüge und Statuen aus Ton.

Weber fertigten Laken und Kleidungsstoffe.

Eine **Barke** hat drei oder mehr Masten.

Schiffbauer errichteten Segelboote und Barken, mit denen der Nil befahren wurde.

Andere Handwerker stellten Lederwaren und Schmuck her.

Ägyptische Handwerker

Bildhauer und Maler

Töpfer

Weber

Schiffbauer

Gerber und Schuster

Goldschmiede

Die ägyptischen Handwerker waren sehr geschickt. Meist arbeiteten sie in großen Werkstätten zusammen, wie auf diesem Bild.

Schreiber

Einer der wichtigsten Berufe im alten Ägypten war der des Schreibers.

Geschrieben wurde auf Schriftrollen, die aus Fasern der Papyruspflanze hergestellt waren.

Schreiber führten die Bücher für die Regierung und für Kaufleute.

Gegen Bezahlung schrieben sie Zaubersprüche und wissenschaftliche Abhandlungen ab.

Die Ausbildung zum Schreiber dauerte viele Jahre und war sehr schwierig.

Es war nicht leicht, die Hieroglyphen auswendig zu lernen. Weil die meisten Ägypter diese Schrift nicht beherrschten, bezahlten sie Schreiber, die für sie schrieben und lasen.

Echt unfair! Meist durften nur Jungen zur Schule gehen und Schreiber werden.

Die Pharaonen

Die Herrscher Ägyptens lebten ganz anders als ihre Untertanen. Sie hatten hunderte von Dienern. Sie wohnten in großen Palästen.

Man nannte die Könige Pharaonen. Sie hatten Macht über Leben und Tod. Die alten Ägypter glaubten, sie würden auch über das Wetter, die Nilfluten und das Wachstum der Feldfrüchte herrschen.

Das Wort <u>Pharao</u> bedeutet „großes Haus".

Die Ägypter sahen in ihrem Pharao mehr als einen Menschen. Sie verehrten ihn als Gott.

Anne und Philipp stellen vor:
Die Tiere des alten Ägypten

An den Ufern des Nils lebten Krokodile, Flusspferde und schöne Vögel; aber es gab auch Löwen, wilde Stiere und Schakale. Statuen und Schmuckstücke hatten oft Tiergestalt.

Dieser Glasfisch enthielt Parfüm.

Die Gans aus Holz saß auf hölzernen Eiern.

Der Löwe bewachte einen Salbentopf.

Das Flusspferd war ein Glücksbringer.

3
Die Religion

Die alten Ägypter verehrten ihren Pharao. Außerdem beteten sie zu vielen Göttern und Göttinnen.

Die Ägypter stellten sich ihre Götter und Göttinnen auf viele verschiedene Arten vor. Einige sahen wie normale Männer und Frauen aus. Andere hatten Tiergestalt. Viele waren halb Mensch, halb Tier.

Die Ägypter glaubten, dass die Götter und Göttinnen über alles wachten und alles beobachteten, was die Menschen taten.

Königin mit dem falkenköpfigen Gott Horus

Tempel

Die Ägypter bauten ihren wichtigsten Göttern und Göttinnen Tempel. In den Tempeln stellten sie heilige Statuen auf. Priester dienten den Statuen. Sie wuschen und kleideten sie und servierten ihnen sogar Mahlzeiten!

Gewöhnliche Menschen durften die

Statuen in den Tempeln nicht sehen. Sie beteten vor dem Tempel und ließen dort ihre Geschenke zurück. Zu Hause stellten sie Statuen ihrer Lieblingsgötter auf und beteten zu ihnen.

Das Jenseits

Der Glaube an ein Jenseits spielte in der Religion der alten Ägypter eine wichtige Rolle. In das Jenseits gingen die Menschen nach ihrem Tod ein. Hier konnten sie sich an vielen Dingen erfreuen, die sie schon im Leben auf Erden kennen gelernt hatten.

Die Ägypter glaubten, dass Menschen aus drei Teilen bestehen. Der erste Teil ist der Körper.

Der zweite Teil ist der *Ka*. Der Ka ist die Lebenskraft eines Menschen. Er macht den Menschen lebendig.

Der dritte Teil ist der *Ba*. Der Ba bewirkt, dass jeder Mensch anders ist.

Die Ägypter glaubten, dass beim Tod eines Menschen Ba und Ka seinen Leib verließen. Damit der Mensch im Jenseits weiterleben konnte, mussten Ba und Ka wieder zusammenkommen.

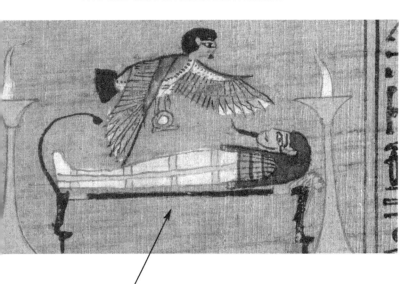

 Der Ba wurde häufig als Vogel mit Menschenkopf dargestellt.

Der Körper war die Behausung von Ba und Ka. Deshalb war es notwendig, dass der Körper eines Toten nicht verweste.

Darum mumifizierten die Ägypter die Verstorbenen.

Auf den folgenden Seiten lernst du die ägyptischen Gottheiten kennen.

Götter und Göttinnen des alten Ägypten

Die alten Ägypter verehrten viele Götter und Göttinnen. Hier stellen wir einige der wichtigsten vor.

Re

Re war der Sonnengott. Er wurde manchmal als Mann mit Falkenkopf dargestellt. Die Ägypter verehrten ihn als Schöpfer der Welt. Sie glaubten, dass er jeden Tag in einem goldenen Boot über den Himmel fahren würde. Bei Sonnenuntergang steuerte Re sein Boot in die Unterwelt, die unter der Erde lag. Bei Sonnenaufgang stieg Re aus der Unterwelt auf und fuhr wieder über den Himmel.

Osiris und Isis

Die Ägypter glaubten, Osiris und Isis seien der erste König und die erste Königin Ägyptens gewesen. Osiris wurde von seinem bösen Bruder getötet, aber Isis gelang es, ihn wieder ins Leben zurückzuholen.

Osiris wurde zum Totengott und Herrscher über die Unterwelt.

Isis wurde die Göttin der Heilkunst, der Ehe und der Mutterschaft.

Horus

Horus war der Sohn von Isis und Osiris. Die Ägypter stellten ihn sich mit einem Falkenkopf vor. Sie glaubten, dass ihr Pharao Horus in Menschengestalt sei.

Bastet

Die Katzengöttin Bastet war die Tochter Res. Sie wurde als Katze oder als Frau mit Katzenkopf dargestellt. Die Ägypter glaubten, sie könne durch die Kraft der Sonne das Wachstum der Feldfrüchte anregen. Jedes Jahr beteten sie zu Bastet um eine gute Ernte. Bastet war auch die Göttin der Musik und des Tanzes, der Freude und der Liebe.

Thot

Thot war der Gott des Mondes. Die Ägypter glaubten, er habe ihnen die Fähigkeit des Schreibens geschenkt. Er war auch der Gott der Medizin und der Mathematik. Manchmal wurde er als Pavian dargestellt, meist aber als Mann mit Vogelkopf.

Bes

Bes war einer der beliebtesten Götter. Er war klein, pummelig und fröhlich. Er hatte die Ohren und den Schwanz eines Löwen, aber den Körper und das Gesicht eines Mannes. Bes brachte den Familien Freude und Glück und beschützte ihren Haushalt.

Ein Satz Särge

4
Mumien

Normalerweise verwest der Körper eines Menschen oder Tieres nach seinem Tod. Das bedeutet, dass Haut, Haare, Muskeln und andere Bestandteile des Körpers verfaulen. Schließlich bleiben nur die Knochen übrig.

Eine Mumie ist eine Leiche, die vor Verwesung geschützt wurde.

Die ersten ägyptischen Mumien

Vermutlich sind die ersten ägyptischen Mumien durch Zufall entstanden.

Die alten Ägypter brauchten das Land am Nil für den Ackerbau. Deshalb begruben sie ihre Toten in der nahen Wüste.

Der heiße Sand trocknete die Leichen schnell aus. Sie verwesten nicht, sondern wurden zu Mumien.

Ägyptologen glauben, dass die Ägypter mehr als 70 Millionen Mumien herstellten.

Die Ägypter untersuchten diese Mumien und lernten so, den Körper vor dem Verfall zu schützen.

Die Mumifizierung

Die Verwandlung einer Leiche in eine Mumie war sehr langwierig. Die Ägypter glaubten, der Gott Anubis wache über diesen Vorgang. Anubis besaß einen Menschenkörper und einen Schakalkopf. Deshalb trug der Oberpriester eine Schakalmaske.

Schakale sind wilde Verwandte der Hunde und leben in Asien und Nordafrika.

Der Ort, an dem die Priester arbeiteten, wurde *Schönes Haus* genannt. Im

Schönen Haus geschah alles mit großer Sorgfalt.

Zuerst wurden alle Organe außer dem Herzen entnommen. Die Ägypter glaubten, die Götter würden das Herz eines Toten wiegen, wenn dieser am Tor zur Unterwelt stand. Am Gewicht würden die Götter erkennen, ob der oder die Betreffende ein gutes Leben gelebt hatte.

Die anderen Organe kamen in besondere Krüge, die mit der Mumie beigesetzt wurden.

Oje! Die alten Ägypter wussten nicht, wozu das Gehirn da ist; deshalb warfen sie es weg.

Als Nächstes wuschen die Priester den Leichnam mit Wein. Sie sprachen über ihm Gebete und rieben ihn mit Öl und Gewürzen ein.

Dann bedeckten sie ihn mit Natron, einer Art Salz. Das Natron trocknete die Leichen schneller aus als Wüstensand. So konnte der Leichnam nicht verwesen.

Harz ist der klebrige Saft bestimmter Bäume und Pflanzen.

Zuletzt legten die Priester den Leichnam auf einen abgeschrägten Tisch und beteten erneut. Dann ließen sie ihn dort ungefähr 40 Tage lang zum Trocknen liegen.

Der ausgetrocknete Körper wurde mit Leinenbändern umwickelt. Die Bänder waren zuvor mit Harz getränkt worden.

Wenn sie trockneten, wurden sie sehr hart.

Zwischen die Leinenbänder steckten die Priester viele Glücksbringer. Die alten Ägypter glaubten, dass sie die Toten in ihrem nächsten Leben beschützen würden.

Manche Mumien wurden mit über hundert Glücksbringern beigesetzt.

Die Priester wickelten die Mumie von Kopf bis Fuß in Leinenbinden ein.

Manchmal wurde über den Kopf des Toten eine Maske mit seinen Gesichtszügen gelegt. Das sollte Ba und Ka helfen, ihn wieder zu erkennen.

Die Schicht von Leinenbinden konnte mehrere Zentimeter dick sein.

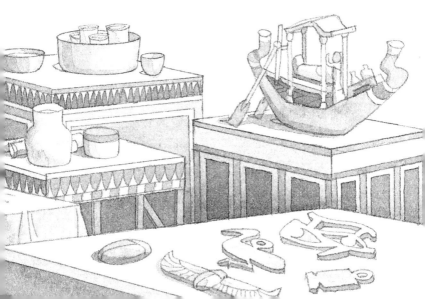

Manche Mumien wurden in Särge aus Stein gelegt, die man <u>Sarkophage</u> nannte.

Wenn die Mumie gründlich umwickelt war, wurde sie in ihren Sarg gelegt. Meist wurde noch das Gesicht des oder der Verstorbenen auf den Sarg gemalt.

Viele Särge wurden mit Malereien und Inschriften verziert. Die Bilder stellten den Eintritt des Verstorbenen ins Jenseits und seine Begegnungen mit den Göttern dar. Die Inschriften waren Gebete und magische Formeln.

Die frühen Särge waren rechteckige Kästen wie dieser:

Später waren die Särge ähnlich geformt wie die Mumie.

Die Mumie wurde in den Sarg gelegt, und dieser wurde versiegelt. Dann wurde der Sarg zur Grabstätte gebracht.

In der <u>Grabstätte</u> ruhen die Toten.

Amulette

Die Glücksbringer, die zwischen die Leinenbänder der Mumien gelegt wurden, nennt man *Amulette*. Manche Amulette waren kleine Götterstatuen. Andere waren Symbole wie eine Treppe, die den Weg ins Jenseits darstellte. Beliebt waren Amulette in Form des Käfers Skarabäus. Die Ägypter glaubten, ein riesiger Skarabäus rolle jeden Morgen die Sonne in den Himmel. Die Skarabäus-Amulette waren ein

Symbol der Wiedergeburt im Jenseits. Häufig hatten die Käfer Flügel.

Auch das Amulett „Auge des Horus" war sehr verbreitet. Dem Glauben der Ägypter zufolge verlor Horus im Kampf

mit seinem bösen Onkel ein Auge. Der Gott Thot setzte es ihm wieder ein.

Die Ägypter glaubten, dass eine Mumie aus ihrem Sarg hinaussehen könnte, wenn das Auge des Horus auf den Sarg gemalt war.

5
Beisetzungen

Ägyptische Beisetzungen waren große Ereignisse. Die Ägypter stellten sie sich als Beginn der Reise des Toten ins Jenseits vor.

Wenn die Mumie zu ihrem Grab gebracht wurde, bildeten Angehörige und Freunde einen Leichenzug. Sie gingen hintereinander her wie bei einer Prozession.

Ausgangsort war das Haus des Toten. Neben den Familienmitgliedern und Freunden schlossen sich auch Priester und Diener dem Zug an.

Wer trauert, zeigt seine Traurigkeit.

Es war wichtig, dass sehr viele Menschen an der Prozession teilnahmen. Die Familie des Toten bezahlte sogar manchmal Leute dafür, im Leichenzug mitzugehen und zu trauern. Diese Leute hatten den Toten vielleicht gar nicht gekannt. Trotzdem schrien und weinten sie und bewarfen sich mit Sand, um ihren Schmerz zu zeigen.

Wenn sie besonders überzeugend trauerten, bekamen sie mehr Geld.

Die Teilnehmer am Leichenzug führten Dinge mit, von denen sie glaubten, dass der Tote sie im Jenseits brauchen könnte: Nahrungsmittel und Getränke, Waffen, Werkzeug und Musikinstrumente. Für ein totes Kind wurde auch Spielzeug mitgenommen.

Der Leichenzug ging erst zum Schönen Haus. Hier wurde die Mumie in ihrem Sarg auf eine hölzerne Barke gelegt. Ochsen zogen dieses Totenschiff durch die Wüste zu dem Ort, an dem die Mumie beigesetzt werden sollte.

Unterwegs sprachen die Priester Gebete und magische Formeln. Die alten Ägypter glaubten, dass alles ganz richtig gemacht werden müsse, weil der Tote sonst niemals ins Totenreich gelangen würde.

Am Grab wurde ein besonderes Ritual abgehalten. Man nannte es „Das Öffnen des Mundes". Ein Priester sprach ein Gebet. Dann berührte er den Mund der Mumie. Die Ägypter glaubten, dieses Ritual ermögliche der Mumie, im Jenseits zu essen, zu trinken und zu sprechen.

Schließlich wurde die Mumie in ihr Grab gelegt.

Auf der nächsten Seite lernst du das Totenbuch kennen.

Das Totenbuch

Die alten Ägypter glaubten, sie müssten die Unterwelt durchqueren, um in das Jenseits zu gelangen. Diese Reise war sehr gefährlich.

Um den Toten die Reise durch die Unterwelt zu erleichtern, wurden die Mumien zusammen mit geschriebenen Gebeten, magischen Formeln und Karten der Unterwelt bestattet: dem „Totenbuch".

Das Totenbuch war kein Buch, wie wir es kennen. Alles war auf Papyrusrollen geschrieben und gezeichnet.

Die Ägypter glaubten, dass ein Toter, der alle Anweisungen im Totenbuch befolgte und alle Prüfungen in der Unterwelt bestand, im Jenseits ein ewiges und glückliches Leben haben würde.

Die Pyramiden von Giseh

6
Das Zeitalter der Pyramiden

Die frühen Pharaonen und andere reiche Ägypter hatten Begräbnisstätten aus Lehmziegeln. Diese Gräber nennt man *Mastabas*. Sie hatten flache Dächer und abgeschrägte Seiten und sahen wie sehr große Bänke aus.

Mastaba ist die arabische Bezeichnung für Bank.

Die Mumie lag nicht in der Mastaba selbst, sondern in einem Raum darunter, der Sargkammer. Mitunter befand sich die Grabkammer in bis zu 24 m Tiefe unter der Erde.

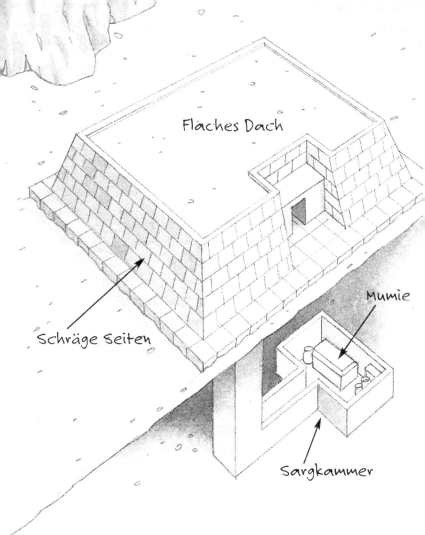

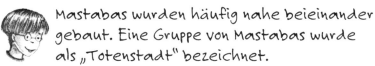 Mastabas wurden häufig nahe beieinander gebaut. Eine Gruppe von Mastabas wurde als „Totenstadt" bezeichnet.

Die erste Pyramide

Die erste Pyramide ließ der ägyptische Architekt und Priester Imhotep erbauen.

Imhoteps Pharao war König Djoser. Dieser wünschte sich die herrlichste Grabstätte, die je geschaffen worden war. Imhotep entwarf für König Djoser eine riesige Mastaba aus Stein. Es sollte die größte Mastaba von ganz Ägypten werden.

Ein <u>Architekt</u> ist jemand, der Gebäude entwirft.

Als sie gebaut wurde, beschloss König Djoser, dass er etwas noch viel Großartigeres haben wollte. Imhotep wusste nicht, was er tun sollte. Schließlich hatte er eine neue Idee.

Imhotep beschloss, auf die erste Mastaba eine kleinere zu setzen. Auf diese zweite Mastaba kam eine dritte, dann eine vierte, darauf eine fünfte und auf diese schließlich eine sechste. König

Djosers Grabstätte war also ein Stapel aus sechs Mastabas.

Imhotep hatte die erste Pyramide entworfen. Imhoteps Pyramide war fast 60 m hoch. Nach seinem Tod verehrten die Ägypter Imhotep als einen ihrer Götter.

 Imhoteps Pyramide ist eine Stufenpyramide. Sie sieht aus wie eine Treppe mit riesigen Stufen, die zum Himmel führen.

Für einige Pharaonen, die nach Djoser regierten, wurden ebenfalls Stufenpyramiden errichtet. Dann begannen die Ägypter, eine andere Pyramide zu bauen.

Die neuen Pyramiden waren zunächst auch Stufenpyramiden. Aber wenn sie fertig waren, wurden die Stufen ausgefüllt, sodass die Seiten glatte Dreiecke bildeten.

Manche Menschen meinen, dass die Form dieser Pyramiden an Sonnenstrahlen erinnern soll. Es sind diese dreieckigen Gebilde, die wir meist meinen, wenn wir an ägyptische Pyramiden denken.

Die Pyramiden von Giseh

Am berühmtesten sind die drei Pyramiden von Giseh, die alle glatte Seiten hatten. Sie wurden vor mehr als 4 500 Jahren erbaut und sind bis heute erhalten geblieben.

Die höchste der Pyramiden in Giseh wird Cheops-Pyramide genannt. Sie ist fast 150 m hoch.

 Die Cheops-Pyramide ist das größte Bauwerk, das jemals aus Stein errichtet wurde.

Die Cheops-Pyramide heißt so, weil sie für den Pharao Cheops erbaut wurde. Im Jahre 1952 gruben Ägyptologen in der Nähe der großen Pyramide ein Boot aus Holz aus. Es war über 30 m lang! Sie nehmen an, dass es die Barke war, die Cheops' Leichenzug anführte und auf der sein Körper ins Grab getragen wurde.

Die Grundfläche der Cheops-Pyramide ist so groß wie zehn Fußballplätze zusammen!

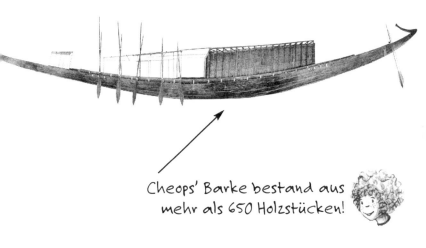

Cheops' Barke bestand aus mehr als 650 Holzstücken!

Der Bau der Pyramiden

Eine Pyramide zu bauen dauerte viele Jahre. Tausende von Menschen arbeiteten beim Bau mit.

Ägyptologen nehmen an, dass die Arbeiter die schweren Steinblöcke auf Baumstämmen durch die Wüste rollten. Einige dieser Blöcke wogen über 2 000 kg!

Niemand kann heute genau sagen, wie die Arbeiter die Blöcke an ihren endgültigen Platz brachten. Die meisten Forscher nehmen an, dass sie breite Rampen

anlegten, auf denen sie die Blöcke hochzogen. Wenn die Pyramide fertig war, wurden die Rampen entfernt.

Viele Leute glauben, dass die Bauarbeiter Sklaven waren. Das ist aber wohl nicht wahr. Die Arbeit wurde von Handwerkern und von Bauern in der Zeit der Nilfluten ausgeführt.

Sie wurden für ihre Arbeit bezahlt, doch sie arbeiteten nicht eigentlich wegen des Geldes. Sie glaubten, dadurch nach ihrem Tod ebenfalls ins Jenseits zu gelangen.

Der Sphinx

Der Sphinx bewacht die Pyramiden von Giseh. Sphinxen sind Sagenwesen mit dem Körper eines Löwen und dem Kopf eines Falken, eines Hammels oder eines Menschen.

Der Philipp-Sphinx!

Der Sphinx in Giseh hat den Körper eines Löwen und den Kopf eines Pharaos namens Chephren. König Chephrens Pyramide steht neben der Cheops-Pyramide.

Der Sphinx wurde aus einem einzigen Felsen gehauen. Er ist die größte Statue aus alter Zeit, die bis heute steht.

7

Grabschätze und Grabräuber

Die alten Ägypter wollten im Jenseits ein möglichst bequemes und glückliches Leben führen. Deshalb ließen sie sich viele Dinge in ihre Gräber legen, die ihnen nützlich sein könnten.

Mumien wurden mit Kleidung und Sandalen zum Wechseln beigesetzt, mit Schreibutensilien und Fächern. Man legte ihnen Schminke, Perücken, Kämme und Spiegel ins Grab. Die Toten sollten sich für ihr Leben im Jenseits schön machen können.

Die Mumien wurden auch mit Proviant versorgt. In den Gräbern wurden Brot, Rindfleisch, Feigen und Krüge mit Bier gefunden.

Ushebtis

Reiche Leute wollten auch im Jenseits Diener um sich haben. Da sie ihre lebenden Diener nicht mit sich nehmen konnten, ließen sie kleine Dienerfiguren anfertigen. Diese Figuren wurden *Ushebtis* genannt.

Die Ägypter glaubten, die Ushebtis würden im Jenseits lebendig werden und sich an die Arbeit machen.

In den Gräbern waren auch noch andere Statuen. Einige davon

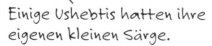

Einige Ushebtis hatten ihre eigenen kleinen Särge.

waren Statuen des Toten. Die Ägypter glaubten, dass Ba und Ka sich in ihnen niederlassen könnten, falls die Mumie beschädigt werden sollte. Andere Statuen bewachten die Mumie und schützten vor dem Bösen.

Grabräuber

Die Grabbeigaben der Mumien konnten sehr wertvoll sein. Viele Amulette, Statuen und Särge waren aus Gold. Einige waren mit Juwelen verziert.

Diese Schätze waren das Eigentum des Toten, der sich im Jenseits an ihnen erfreuen sollte. Doch immer wieder stahlen Menschen die Schätze, um sich in diesem Leben an ihnen zu erfreuen. Diese Diebe nennt man Grabräuber.

Wenn Grabräuber in ein Grab einbrachen, nahmen sie alles mit, was sie für

In jede Pyramide, die bis heute erhalten blieb, sind schon Grabräuber eingedrungen.

wertvoll hielten. Sie hatten keinen Respekt vor der Mumie und ihrer Ruhestätte.

Grabräuber brachen auch Särge und Sarkophage auf. Sie holten die Amulette zwischen den Leinenbändern hervor oder stahlen den Schmuck, den die Mumie am Körper trug. Sie nahmen das Parfüm und die Öle mit, die die Mumie in ihrem nächsten Leben verwenden sollte.

Manchmal verbrannten die Grabräuber

die Mumie sogar, um durch den Feuerschein das Grab zu erhellen, das sie ausraubten.

Grabräuber lebten gefährlich. Für die alten Ägypter waren sie Verbrecher, die die Götter beleidigten. Wenn Grabräuber erwischt wurden, wurden sie geschlagen und oft getötet.

Das hielt leider andere Grabräuber nicht von ihren Plünderungen ab. Durch ihre Gier gingen viele Schätze des alten Ägypten für immer verloren.

Grabbilder

Zum Glück konnten die Grabräuber nicht die Bilder aus den Wänden der Gräber stehlen. Diese Grabbilder erzählen uns viel über das Leben im alten Ägypten.

Die Bilder zeigen häufig Leute, die tanzen oder auf Musikinstrumenten spielen. Man glaubte, dass die gemalten Figuren im Jenseits für den Toten tanzen, singen und spielen würden.

Häufig sind auch Darstellungen des Verstorbenen. Aber auch wenn er, als er starb, alt und schwach war, wird er auf den Bildern als jugendlich und gesund dargestellt. Man glaubte, dass er im Jenseits auch wieder jung sein würde.

8
Die berühmteste aller Mumien

Die Pyramiden wurden zu Ehren der Pharaonen und ihrer Familien gebaut. Aber sie waren nicht sicher, denn sie zeigten den Grabräubern auch, wo große Schätze vergraben waren.

Daher war es vielen Pharaonen wichtiger, ihre kostbaren Mumien in Sicherheit zu wissen als große Pyramiden zu haben. Sie begannen, geheime Gräber anlegen zu lassen, und hofften, die Räuber würden sie nicht finden.

Das Tal der Könige

Das Tal der Könige war eine Stadt der Toten.

Das *Tal der Könige* liegt tief in der ägyptischen Wüste verborgen. Es ist von hohen, steilen Felswänden umgeben. Ein Berg nahe dem Tal der Könige hat die Form einer Pyramide. Die Ägypter hielten diesen Ort für das ideale Versteck für die Gräber ihrer Pharaonen.

Die Menschen, die im Tal der Könige die Gräber anlegten, gaben sich große Mühe, sie gut zu verstecken. Sie gruben geheime Kammern in den Fels und Gänge, die nirgendwo hinführten. Sie bauten Scheintüren und versperrten die richtigen Eingänge mit schweren Felsblöcken.

Schwer bewaffnete Wächter bewachten die Gräber Tag und Nacht.

<u>Verborgene Gräber</u>
Geheime Kammern
Irrgänge
Wächter

Trotzdem fanden Grabräuber die Gräber und ihre Schätze. Mehr als 60 königliche Gräber waren in die Felswände des Tals der Könige gehauen – die Grabräuber brachen sie alle auf.

Das Grab des Kinder-Königs

Viele Jahre lang suchten die Ägyptologen im Tal der Könige nach dem Grab eines Pharaos, der *Tutenchamun* geheißen hatte.

Tutenchamun war ein Kinder-König. Er wurde mit neun Jahren Pharao und starb bereits mit 18 Jahren.

Aus alten Schriften wussten die Archäologen, dass Tutenchamuns Mumie im Tal der Könige beigesetzt worden war. Aber niemand hatte bisher das Grab gefunden.

Howard Carter

Howard Carter war unter den Ägyptologen, die sehr intensiv danach suchten. Er forschte bereits über fünf Jahre, als er aufgeben wollte – doch dann machte er eine Entdeckung.

Es war im Jahre 1922, als Carter unter der Ruine einer alten Arbeiterhütte Steinstufen fand.

Konnten diese Stufen zum Grab von Tutenchamun führen?

Carter und seine Leute begannen zu graben. Die Stufen führten zu einer Tür. Hinter der Tür lag ein Tunnel. Sie gruben weiter.

Schließlich erreichten sie das, was sie für den Eingang zum Grab hielten. Carter brach ein Loch in die Tür. Er hielt eine Kerze daran und spähte hindurch.

„Was sehen Sie?", rief jemand aus dem Team.

„Wunderbare Dinge", antwortete Carter.

Wohin er auch schaute – überall sah Carter Gold: goldene Statuen, goldene Dosen, goldene Sessel.

In einem anderen Raum entdeckte Carter einen großen Sarkophag aus Gold. Als er ihn öffnete, fand er darin einen Sarg.

In diesem war ein zweiter Sarg, der einen dritten Sarg enthielt. Der dritte Sarg bestand aus massivem Gold. Und in ihm war die Mumie von König Tutenchamun.

Carter und sein Team brauchten nahezu zehn Jahre, um das gesamte Grab von Tutenchamun zu erforschen. Das Grab war vor langer, langer Zeit aufgebrochen worden, aber es war kaum etwas gestohlen worden. Vermutlich hatte man die Räuber ertappt.

Die Entdeckung dieses Grabes war der berühmteste Mumienfund aller Zeiten. Die Schätze Tutenchamuns wurden inzwischen von Millionen von Menschen aus aller Welt besichtigt. Heute sind sie in einem Museum in Kairo ausgestellt, und die Mumie von König Tutenchamun ruht in ihrem Grab im Tal der Könige.

Kairo ist die Hauptstadt des modernen Ägypten.

Auf den folgenden Seiten siehst
du einige Schätze Tutenchamuns.

Anne und Philipp stellen vor: Tutenchamuns Schätze

Als Tutenchamuns Schätze in einem amerikanischen Museum gezeigt wurden, wurde er „König Unsinn" genannt. Hier sind einige seiner Grabbeigaben.

Kopfstütze aus Elfenbein

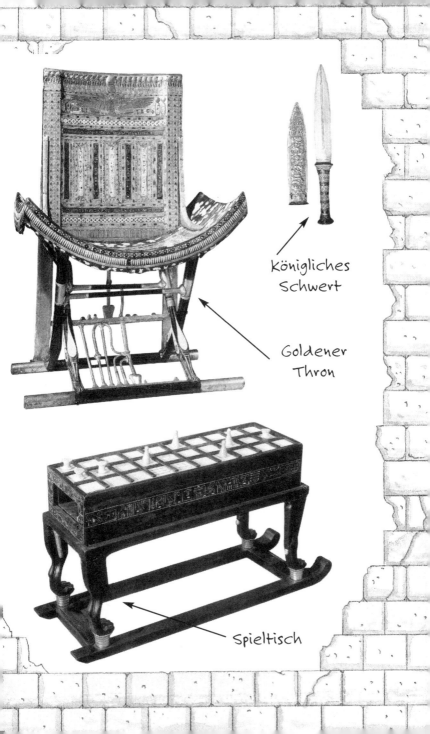

9
Das Erbe der Mumien

Jedes Jahr besuchen Millionen von Touristen die ägyptischen Pyramiden. An den Ufern des Nils stehen heute noch 35 dieser Bauwerke.

Mittlerweile sind alle Pyramiden leer. Die Mumien und ihre Schätze wurden auf Museen in aller Welt verteilt. Hier behandelt man sie vorsichtig und mit großem Respekt. Endlich sind sie vor Grabräubern sicher.

Die ägyptischen Mumien haben uns etwas sehr Wichtiges geschenkt: Wissen.

Die Inschriften, Malereien und Schätze aus ihren Gräbern zeigen uns, wie die alten Ägypter lebten, wie sie arbeiteten und was sie spielten.

Dieses Wissen lässt die ferne Vergangenheit wieder lebendig werden.

Die alten Ägypter glaubten, sie könnten ewig leben. In gewisser Weise tun sie dies auch.

Register

Ägypten, altes 7
  Tiere in 32–33
  Landschaften von
    12–13, 15
  Herrscher von, *siehe*
  Pharaonen
  Zwei Reiche von
    15–17
Ägypter, alte 7–8, 12
  Kinder der 25–27
  Alltag der 21–31
  als Bauern 12–15,
    21
  Berufe der 28–30
  Religion der 35–47
Ägyptologe 8, 25,
  50, 73, 74, 90

Amulett 53, 56–57,
  81, 82
Anubis 50
Auge des Horus 57

Ba 38–39, 53, 81
Barke 28, 61, 73
Bastet 45
Beisetzung 59–65
Bes 47

Carter, Howard
  90–94
Cheops 73, 77
Cheops-Pyramide
  72–73, 77
Chephren 77

Djoser 69–71

Giseh, *siehe*
Pyramide
Glücksbringer, *siehe*
Amulett
Götter und Göttinnen
8, 35–37, 40–47, 54,
56–57, 70
Grabbild 84–85, 100
Grab 55, 62, 67, 73,
79–80, 82–83,
87–90, 92, 94, 100
Grabräuber 81–84,
89, 94, 99
Grabschatz 79–83,
100

Harz 52
Hieroglyphe 18–19, 31

Hochkultur 8
Horus 34–35, 44, 57

Imhotep 69–70
Isis 42–44

Jenseits 37–39,
50–51, 53, 54, 56,
59, 61–62, 64–65,
75, 79–82, 85

Ka 37–39, 53, 81
Kinderfrisur 27
Klima 23

Leichenzug 59–62,
71

Mastaba 67–70
Menes 15–17

Mumie 7, 61–62, 67, 73, 79–83, 87, 90, 93–94, 99, 100
Einbalsamieren von 39
Mumiensarg 54–55, 61, 80–83

Natron 51
Nil 9–10, 12–13, 15, 21, 31–32, 99

Öffnen des Mundes 62
Osiris 42–44

Papyrus 30, 65
Pharao 31, 35, 69, 71, 73, 77, 87–89
Priester 36, 50–53, 61–62
Pyramide 7, 88
Bau der 74–75
erste 69–71
von Giseh 66, 71–73, 77
Stufenpyramide 70–71

Re 41, 45
Rotes Land 12

Sargkammer 67
Sarkophag 54
Schakal 32, 50
Schönes Haus 50–51, 61
Schreiber 30–31
Schwarzes Land 12–13, 21

Skarabäus 56–57
Sphinx 76–77

Tal der Könige 88–90, 94
Tempel 36–37
Thot 46, 57
Totenbuch 64–65

Tutenchamun 90–91, 93–94, 96
  Schätze des 93–94, 96–97

Ushebti 56–57

Wüste Sahara 12

Bildnachweis
Victor Boswell/NGS Image Collection (Seite 73). The British Museum (Seite 26 oben, 29, 30, 32, 33 unten, 38, 54, 56 rechts, 56 links, 57 oben, 57 unten, 62–63, 80, 84, 85). Raphael Gaillarde/Liaison Agency (Seite 26 unten). Kenneth Garrett/NGS Image Collection (Seite 60, 86, 88). Hulton Getty/Liaison Agency (Seite 13, 34, 64, 66, 76). Michael Justice/Liaison Agency (Seite 72). Kurgan-Lisnet/Liaison Agency (Seite 70). The Learning Family Reisers/Robert Reiser © 1999/ www.LearningFamily.com (Seite 98).
North Carolina Museum of Art/CORBIS (Seite 55). Rainbird/Robert Harding (Seite 25, 33 oben, 33 Mitte, 96, 97 oben links, 97 oben rechts, 97 unten). Walter Rawlings/Robert Harding (Seite 18). © Photo. RMN Abdruck mit freundlicher Erlaubnis der Agence Photographique de la Réunion des Musées Nationaux (Seite 48). Underwood & Underwood/CORBIS (Seite 90).

Forscherhandbuch

Alle Hintergründe zu Annes und Philipps Reisen findest du in den Forscherhandbüchern!

ISBN 3-7855-4224-0

ISBN 3-7855-3591-0

Mit vielen Fotos ...

Philipp und Anne trauen ihren Augen nicht, vor ihnen steht ein Dinosaurier! Begleite die beiden auf eine magische Reise ins Tal der Dinosaurier, und erfahre im Forscherhandbuch wichtige Informationen über die faszinierenden Urzeittiere!

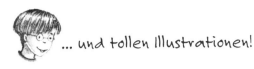 ... und tollen Illustrationen!

ISBN 3-7855-4223-2

ISBN 3-7855-3592-9

 Die Sachbuchreihe zur erfolgreichen Romanserie

ISBN 3-7855-4225-9

ISBN 3-7855-3754-9

Begleite Philipp und Anne auf ihren spannenden Reisen mit dem
magischen Baumhaus

Band 5

Band 6

Band 7

Band 8

Band 9

Band 10

Band 11

Band 12

Das nächste Abenteuer wartet schon auf dich!

Mary Pope Osborne und **Will Osborne** sind seit mehreren Jahren verheiratet und leben zusammen mit ihrem Norfolkterrier Bailey in New York. Mary hat bereits mehr als 50 Kinderbücher geschrieben; Will arbeitete lange als Schauspieler, Regisseur und Autor am Theater.
Zusammen haben sie an zwei Büchern über griechische Mythologie mitgearbeitet.
Zu ihrer gemeinsamen Arbeit an dem *Forscherhandbuch Mumien* meinten die Autoren:
„Wir hatten viel Spaß an unseren Forschungsarbeiten für Mumien und Pyramiden. Die alten Ägypter waren ganz erstaunliche Menschen; je mehr wir über dieses Volk erfuhren, desto neugieriger wurden wir. Wir studierten die im Britischen Museum in London ausgestellten Mumien, Grabbilder und Hieroglypheninschriften, und wir besuchten den Tempel von Dendur im Metropolitan Museum of Art in New York. Jetzt, wo unser Buch fertig ist, haben wir festgestellt, dass unser Interesse an der ägyptischen Hochkultur noch lange nicht erloschen ist."